É assim que você gerencia seu funcionário como um chefe amigável

2

Contente

3

INTRODUÇÃO

Como você gerencia as pessoas?

O processo de organização, gestão e desenvolvimento do lado empregado de uma empresa é conhecido como gestão de recursos humanos. Apoiar o trabalho de toda uma equipe, bem como seu bem-estar, comprometimento e progresso fazem parte das responsabilidades das funções de liderança.

Fazer com que todos se sintam ouvidos, compreendidos, apoiados e fornecer a eles os recursos de que precisam para prosperar, garantindo o sucesso com base nas métricas de negócios, é mais do que criar e atribuir tarefas, diz Tile.

Esta é uma solicitação bastante difícil, especialmente para aqueles com vários subordinados diretos. Entrevistas individuais semanais, reuniões de equipe e revisão dos relatórios semanais de cada membro da equipe aumentam rapidamente. Além disso, como jogador de equipe, pode ser especialmente difícil para você equilibrar suas necessidades pessoais e as de sua equipe. Exemplos de tais requisitos são tempo de concentração, organização e desenvolvimento profissional.

Aqui estão sete dicas para novos gerentes, incluindo onde obter ajuda, como cultivar uma atitude positiva e como liderar com compaixão.

Algumas pessoas são atraídas pela direção, enquanto outras nascem nisso. Escolher o tipo de gerente que você deseja ser em sua nova função é um dos primeiros passos, independentemente do caminho que você escolher seguir semanalmente.

"Como um novo gerente, você quer evitar se tornar uma pessoa do povo. Além disso, tente não ser rígido", explicou Piranha Tile, produtor sênior do City Cast DC. É conhecido como gestão de pessoas e inclui contratação, treinamento e crescimento dos membros de sua equipe.

Ao longo de suas carreiras, as experiências dos funcionários são fortemente influenciadas pela gestão. O desempenho e a retenção dos funcionários são muito influenciados pelas atitudes e práticas gerenciais, especialmente quando se trata de lidar com mudanças.

Gestão de pessoas e liderança têm muito em comum e gerentes eficazes também são líderes eficazes. No entanto, existem algumas mudanças significativas. Os gerentes tendem a se interessar mais pelas operações do dia-a-dia, enquanto os executivos tendem a desempenhar um papel mais estratégico.

Pode ser difícil encontrar um gerente de contratação competente com as qualidades certas. Todo mundo quer seguir um líder competente, confiante e determinado.

Mas como você trata essa pessoa? Quais são as condições para manter esta posição? E se você estiver apenas começando e tiver pouca experiência em gerenciamento?

Muitos de meus alunos são líderes iniciantes ou estão apenas começando a receber relatórios de pessoas. Na maioria das vezes, essas pessoas realmente se preocupam com seus funcionários e querem aprender como atendê-los melhor.

No começo, a sinceridade do acordo é o mais importante. A partir daí, desenvolvemos as habilidades e conhecimentos para nos tornarmos gerentes de RH verdadeiramente bem-sucedidos, atenciosos e pessoais.

Encontrar esse equilíbrio pode ser difícil, contra-intuitivo e confuso. Mesmo os grandes gerentes precisam de suporte e estrutura para serem bem-sucedidos. Embora as habilidades de gerenciamento geralmente levem tempo para serem aperfeiçoadas, milagrosamente elas não se desenvolvem por conta própria.

Desenvolver suas habilidades de gerenciamento é a chave para desbloquear o potencial no local de trabalho e ajudar sua equipe a atingir seus objetivos. Pode ser difícil garantir que todos os envolvidos em um projeto trabalhem bem como uma equipe e concluam suas tarefas com eficiência. No entanto, há várias práticas recomendadas que você pode usar para melhorar suas habilidades de gerenciamento ao trabalhar com outras pessoas.

Neste ensaio, descrevemos as qualidades de um bom gerente e fornecemos diretrizes passo a passo para liderar e conduzir sua equipe ao sucesso.

Todo gerente deve ter a capacidade de liderar pessoas. Não importa há quanto tempo você está na empresa ou quão novo você é, desenvolver essa habilidade aumentará o engajamento e a produtividade dos funcionários.

No entanto, um gerente competente pode tornar suportável uma tarefa difícil. A má gestão pode destruir um bom trabalho.

Ao refletir sobre minha carreira, alguns executivos importantes de

RH se destacam como excepcionais, e alguns eu evitaria se os conhecesse em uma entrevista.

Na verdade, meus colegas e eu acreditamos que quem se destaca são aqueles que se preocupam com nossos desejos e com o sucesso de nosso negócio.

São os chefes que nunca me fizeram sentir incompetente. Em vez disso, eles me instaram a tentar tirar algo da experiência.

Após 15 anos de experiência em gerenciamento em uma variedade de configurações e responsabilidades de trabalho, agora compartilho essa visão positiva com aspirantes a líderes experientes em programas de pós-graduação na Pamplona School of

Business da Universidade de Portland.

Neste artigo, discutiremos os fundamentos do gerenciamento de RH, as diferentes abordagens para o gerenciamento de RH e o que você pode fazer para começar a se tornar um gerente de RH de sucesso.

Uma boa liderança parece uma tarefa fácil porque carece de métodos ultrassecretos. Mas, embora a boa liderança geralmente consista em ações simples, por qualquer motivo, muitos líderes falham em fazê-lo.

Obviamente, as dicas de liderança a seguir são apenas a ponta do iceberg. Como tudo na vida, esta situação requer prática real porque só a teoria não é suficiente.

• Uma abordagem holística para apoiar o trabalho, o desenvolvimento e o bem-estar dos trabalhadores é a gestão de recursos humanos.

• Em posições de liderança, você deve encontrar um equilíbrio entre entregar seu trabalho e apoiar os outros.

• Os gerentes devem usar o feedback direto de seus funcionários para determinar como crescer como líder.

• Cursos, mentores e outros gestores podem servir como fontes de inspiração para gestores.

1. Priorize o gerenciamento de sua carga de trabalho.

Você tem que cuidar de si mesmo antes de lidar com o sucesso dos outros. Proteja seu tempo e priorize sua agenda reservando uma quantidade específica de tempo todos os dias para se concentrar em fazer o trabalho sem distrações. O envolvimento excessivo com sua equipe é um erro que gerentes diligentes podem cometer, levando ao esgotamento e reduzindo a eficácia de sua gestão. Você estará mais alerta e focado em sua equipe quando eles precisarem de você quando estiver confortável com seu trabalho.

Gestão direta de pessoas

O supervisor instrui os funcionários sobre as tarefas a serem executadas e como realizá-las. Esse estilo de liderança funciona melhor quando as tarefas precisam ser executadas com rapidez e eficiência de acordo com um padrão ou requisito específico, mas também pode sobrecarregar os funcionários.

Também funciona melhor para trabalhadores que ainda estão se desenvolvendo e em empresas ou situações em que você precisa dizer explicitamente às pessoas o que fazer, como e quando.

Curiosidade: o microgerenciamento não mostra a um funcionário que você se importa com o trabalho dele.

Microgerenciar um funcionário demonstra que você não confia neles para fazer um trabalho de qualidade.

Trabalhar com um funcionário para resolver um problema em conjunto é muito diferente de microgerenciá-lo enquanto lida com seus próprios problemas.

Seja gentil.

Nunca perca de vista o fato de que as pessoas reais que você atende têm problemas reais e experiências reais. Para muitos líderes empresariais, os funcionários são apenas horários de trabalho a serem controlados e maximizados.

Sejam seus colegas, amigos ou colegas, sua equipe sempre entende quem eles são para você. Além disso, uma hora de trabalho nunca resolverá seus problemas.

Adquira habilidades gerenciais.

Poucos de nós têm a habilidade natural de liderar, e não vi nenhum "curso de liderança" que fosse realmente útil. Felizmente , temos algo muito melhor em forma de livro. Como líder, você deve defender os interesses de sua organização. E você se sairá muito melhor se entender a mente da outra pessoa e estiver familiarizado com a filosofia da negociação.

Portanto, um líder deve ler a literatura. Além da administração, os líderes devem estudar psicologia, o funcionamento da mente, contratação, negociação, marketing, gerenciamento de projetos e economia.

Descubra quem é quem.

Conheça a si mesmo e aos membros de sua equipe. Você pode fazer isso com a ajuda de minhas quatro figuras de playground "Que tipo de criança eu era no playground?"

alguém pode perguntar. A pessoa que

• Certifique-se de que todos tenham a chance de atacar? o mediador

• Fez uma linha, então todos eles contam? O Coordenador.

• As regras foram alteradas durante o jogo? Um inovador.

• Você queria fazer do meu jeito? O martelo.

Decida quem está no seu playground depois de determinar sua própria personalidade no playground. Não ignore os avisos. Linguagem corporal, escolha de palavras e intenções são claramente reconhecíveis na interação humana.

A cooperação e a comunicação são importantes para os pacificadores.

Quando os outros discutem, os olhos de um funcionário podem ficar esbugalhados, o que é um sinal de alerta.

Os organizadores procedem com método e determinação. Um funcionário é um organizador quando chega a uma reunião com gráficos ou papel codificado por cores.

Os revolucionários desprezam a regularidade e preferem a improvisação. Você pode reconhecer um revolucionário perguntando: "De onde vem isso?

Com uma opinião forte e inteligência para enfrentar problemas difíceis, ele é um rolo compressor. Eles têm opiniões divergentes e defendem conceitos a 30.000 pés.

Aproveite o tempo para descobrir as qualidades específicas de seus funcionários. Cada um traz suas próprias habilidades específicas para a equipe, como a melhor forma de responder às críticas se acordarem cedo e sua capacidade de realizar várias tarefas ao mesmo tempo. Aproveite para conhecer cada um deles. Isso permite que você dê um rosto a eles e entenda melhor como eles funcionam.

Kelly Moon, diretora de conteúdo da Send Bird, explica: "Compartilho uma planilha de descoberta onde aprendemos sobre os estilos de comunicação uns dos outros e o que nos motiva e inspira." Como todos são únicos, "adapto meu estilo de liderança a cada indivíduo".

Ao entender as necessidades de seus funcionários, você pode entender melhor suas ações, inclinações e dificuldades no trabalho. Mesmo ao trabalhar com equipes remotas, essa sutileza pode ajudá-lo a comunicar metas de desempenho de forma mais eficaz e solucionar problemas melhor.

Quando se trata de comunicação, Moon recomenda "estar realmente disponível para que as pessoas não fiquem confusas sobre o que esperar". Ele também recomendou dar aos membros da equipe a chance de se conhecerem melhor. Construir um forte vínculo de equipe ajuda a manter todos comprometidos com a meta e resilientes diante de mudanças ou incertezas. Portanto, é importante dar à equipe a oportunidade de passar um tempo juntos e confiar uns nos outros.

Atribuir dever de casa

Em vez de supervisionar cada parte do trabalho de um projeto, você pode se concentrar em tarefas de gerenciamento de nível superior aprendendo a delegar tarefas importantes a outras pessoas. Depois de entender melhor os pontos fortes, fracos, experiências e talentos de cada membro da equipe, você pode atribuir tarefas àqueles com maior probabilidade de concluí-las com eficiência e no prazo. Ao atribuir tarefas, é importante definir expectativas claras para cada funcionário e garantir que eles estejam confiantes em sua capacidade de concluir a parte designada do projeto. Você pode mostrar às pessoas que está confiante em suas habilidades, dando-lhes tarefas que as façam se sentir investidas no sucesso do projeto.

Formação em gestão de recursos humanos

O gerente ajuda os funcionários a alcançar os resultados exigidos, dando-lhes instruções claras e detalhadas. Essa abordagem de gerenciamento funciona bem para ensinar às pessoas certos hábitos e normas culturais, de modo que o chefe possa ser menos diretivo e mais solidário.

Quando pessoas altamente qualificadas entram em uma nova cultura ou situação de negócios, a abordagem de coaching é útil para ajudá-las a adotar certos hábitos.

Reconheça a situação em que você está

Somente através da experiência alguém pode ganhar autoridade. Todos os gerentes, independentemente de sua posição, devem ter uma compreensão completa das questões que supervisionam.

Por exemplo, se você deseja liderar uma equipe de desenvolvimento, deve ter um bom conhecimento de ferramentas, APIs, tabelas, funções e da complexidade dos algoritmos. Idealmente, você já trabalhou como desenvolvedor no passado. É compreensível por que Mark Zuckerberg e Sergey Bring tiveram tanto sucesso na administração de empresas de TI, já que podiam se comunicar com os clientes em seu próprio idioma.

Mesmo que sua equipe use muitas linguagens de programação e você não entenda totalmente todas as complexidades dessas linguagens, você ainda precisa ser capaz de entender seu código e estar ciente dos frameworks mais importantes.

Você não conseguirá avaliar com precisão a velocidade, o risco ou o custo se não souber exatamente com o que está lidando.
Seja respeitoso O respeito começa com o chefe. Olá e obrigado são saudações importantes. Seja respeitoso:

Gere ideias com pacificadores.

Dê aos organizadores um trabalho que tenha prazos e seja importante. Atribua tarefas urgentes aos revolucionários.

Pergunte sobre as visualizações do rolo compressor.

admitir a realidade . Faça perguntas, esteja pronto para aprender e evite encerrar as conversas muito cedo, porque nem todo mundo coleta informações da mesma maneira que você. Se você acha que tem todas as informações, confirme perguntando novamente.

Promover associações de mentores

Você deve tentar desenvolver um relacionamento de orientação com seus funcionários se quiser melhorar como líder. A orientação eficaz inclui o estabelecimento de metas de desenvolvimento de longo prazo, o fornecimento de aconselhamento e orientação de carreira e a ajuda aos funcionários na identificação de oportunidades de avanço na carreira.

Fortes habilidades de tomada de decisão devem ser demonstradas.

Quando se trata de disputas ou decisões no local de trabalho, os gerentes costumam ter a palavra final. Tomar decisões imparciais, independentemente dos membros da equipe envolvidos, deve ser um de seus objetivos ao se esforçar para se tornar um gerente melhor.

Promova o trabalho em equipe

Um gerente de sucesso entende que seu sucesso depende da colaboração da equipe. Você precisa fazer mais do que fazer sua equipe trabalhar como uma unidade para melhorar como gerente. Você deve se esforçar para melhorar a posição de sua equipe dentro da organização. Usar técnicas imparciais para avaliar o desempenho dos membros da equipe e resolver quaisquer conflitos que possam surgir deve fazer parte das atividades de desenvolvimento da equipe.

Use reuniões individuais para desenvolver e resolver problemas estratégicos.

Embora possa ser tentador, o tempo cara a cara é melhor usado para conversas importantes do que para uma lista de tarefas.

"As reuniões individuais nos dão espaço para falar sobre o quadro geral, como se nosso processo de fabricação está funcionando ou não e como podemos revisá-lo", disse Tile. "As reuniões individuais semanais ficariam atoladas nessas coisas se não fizéssemos as pequenas coisas todos os dias."

Seja mais diligente em usar seu tempo de sincronização, especialmente se você tiver mais de um subordinado direto, desde que tenha outras maneiras de comunicar o status do projeto (por exemplo, atualizações semanais de Lattice e Slack ou plataformas de gerenciamento de projetos como Jeri, Asana ou Trellis).

Durante essas sessões individuais, Tilde diz: "Identificamos os problemas que as pessoas estão tendo (especialmente relacionados à ameaça de esgotamento) e, em primeiro lugar, encontramos maneiras de aliviá-los ou impedir que se tornem um problema". "Ver essas soluções ganharem vida tem sido muito gratificante."

Certifique-se de reservar um tempo para discutir juntos os padrões maiores que surgem em seu fluxo de trabalho e as aspirações de carreira dos membros de sua equipe. "Como posso apoiá-los? Quais foram os sucessos, o que funcionou ou não? disse Luna. Portanto, eles têm um ambiente seguro onde podem ser abertos e honestos e podemos resolver as coisas juntos.

Você pode organizar suas discussões semanais usando nosso formulário de agenda de reuniões individuais.

verifique a conversa

Assuma a liderança ao conversar com outras pessoas fazendo perguntas, obtendo atualizações e levantando preocupações, em vez de esperar que outros membros da equipe o façam. Explique como os membros da equipe devem interagir uns com os outros e com você quando assumirem suas responsabilidades de gerenciamento, formais ou informais. Identifique as principais linhas de comunicação, como servidores de e-mail ou bate-papo, para que todos saibam o que fazer se algo der errado. Verifique com sua equipe coletivamente e em particular para ver como eles estão indo e incentive o diálogo honesto como forma de resolver problemas.

Encontre fluxos de trabalho lógicos

Crie um mapa do processo de fluxo de trabalho que mostre as funções que cada membro da equipe assume para concluir um projeto. Você pode esperar mais de cada pessoa quando entender suas responsabilidades específicas e como elas se relacionam com o projeto como um todo. Você também pode usá-lo para criar um cronograma realista para os funcionários seguirem. Gerenciar pessoas sem entender o processo do projeto pode levar a confusão e atrasos, impedindo que você identifique rapidamente a causa raiz dos problemas à medida que eles surgem.

Gestão de pessoal tolerante.

Os colaboradores recebem orientação e apoio da gestão, mas são livres para escolher suas próprias ações, incluindo o monitoramento dos resultados.

Quando há mais "respostas certas" e os funcionários são competentes e capazes de chegar a uma conclusão positiva em um determinado contexto ou organização, essa abordagem costuma ser mais benéfica para a força de trabalho e pode levar a melhores resultados.

Contrate as pessoas certas

O sucesso de uma organização depende da seleção das pessoas certas. Tomar a decisão errada ao contratar alguém pode desperdiçar tempo e esforço que poderiam ter sido economizados se você tivesse tomado a decisão certa da primeira vez.

Mas como saber se alguém é capaz? A melhor maneira de encontrar o candidato perfeito é conduzir uma entrevista que inclua perguntas técnicas e não técnicas sobre sua formação, objetivos e crenças, bem como perguntas sobre sua empresa ou setor . Isso pode ajudá-lo a determinar se eles seriam uma boa adição à sua equipe.

Embora não haja segredos para encontrar o candidato certo,

consegui identificar os comportamentos necessários para o trabalho, entrevistar candidatos sobre esses comportamentos e envolver os membros da equipe que trabalham em estreita colaboração com o novo contratado, mesmo que não estejam diretamente na minha equipe, no processo de entrevista.

Lembre-se desta dica: contrate devagar e demita rápido. Se você tomar uma má decisão de contratação, tente se livrar dela rapidamente para encontrar o candidato perfeito que apoie sua equipe e seus objetivos de negócios.

Deixe o indivíduo corrigir seu erro.

Você não precisa menosprezar um funcionário para provar sua "legalidade". É melhor escrever para essa pessoa pessoalmente e apontar seu erro. Fale sobre a solução e deixe que eles resolvam sozinhos.

Permitir que as pessoas se curem elimina a necessidade de humilhá-las publicamente. A longo prazo, isso melhorará muito o seu trabalho.

proteja seu povo

Eles devem atuar como um escudo tampão. Ninguém deve ser capaz de controlar as ações do seu computador sem a sua permissão. Permita que outros o critiquem se quiserem e você aprenderá o que precisa ser feito em seu negócio.

Dá esperança para atender seus funcionários.

Você deve pelo menos saber os nomes de seus funcionários. Isso é verdade, independentemente do tamanho do seu negócio. Além disso, você deve saber sobre seus hobbies e interesses fora do trabalho. Conhecer seus funcionários é importante porque ajudará você a entender melhor como eles realizam seu trabalho. Certificar-se de que seu nível de cuidado é aceitável também pode ajudar seus funcionários a se sentirem valorizados.

Dê atenção especial aos seus funcionários.

A regra anterior é seguida por esta. Você será capaz de tratar cada funcionário como um indivíduo depois de conhecê-lo. A estratégia que você usa deve ser baseada nas diferentes habilidades, preferências e necessidades de desenvolvimento de seus funcionários. Para liderar as pessoas de forma eficaz, você precisa se concentrar em cada pessoa como um indivíduo e adequar sua estratégia às suas necessidades.

Torne a norma obter feedback contínuo.

Embora se trate de um presente, os comentários não são de responsabilidade exclusiva do remetente. É responsabilidade da administração criar uma atmosfera de confiança e segurança na qual os funcionários possam expressar livremente suas preocupações.

Quanto mais espaço você der, melhor, disse Trevor Sutlej, chefe de vendas corporativas da Jabot, "É muito difícil dar feedback aberto e direto". Quanto mais você conseguir obter um sistema de feedback tão aberto, mais confortável se sentirá.

Toda semana ela solicita feedback específico durante suas entrevistas individuais, uma prática que ela atribui ao seu sócio, que é recrutador corporativo há seis anos. Ele disse: " Eles devem ser apenas discussões abertas, de um lado para o outro. Sempre pergunto verbalmente se eles não concluírem na atualização da rede."

Não tenha medo de dar um feedback honesto. Isso ajudará sua equipe a desenvolver habilidades de feedback mútuo e criar uma atmosfera de trabalho mais positiva do que quando os problemas estão sob controle. De acordo com Moon, fazer perguntas eficazes é a chave para obter feedback acionável e acionável de uma nova equipe.

Por ser muito aberta, a pergunta "Você acha que sou um bom gerente?" não tem resposta não é uma pessoa que provoca uma resposta ponderada, de acordo com

Moon. Em vez disso, busque feedback sobre elementos mais específicos de seu estilo de liderança, como: Por exemplo, como você interage ou fornece informações com outras pessoas, como conduz discussões ou reuniões e se oferece oportunidades para que outras pessoas se sintam desafiadas e inspiradas.

Crie metas claras.

Estabeleça metas, individualmente e em equipe, para orientar seus esforços de gerenciamento. Definir metas no início de um projeto dá a você uma direção como líder e permite que todos prestem atenção ao impacto de suas ações no sucesso de um projeto ou iniciativa. Anote cada meta para que você tenha um registro para consultar ao avaliar o progresso do projeto em todos os marcos. Discuta com seu grupo quais ações cada membro da equipe deve realizar para atingir seus objetivos e dê a todos a oportunidade de fazer perguntas e fazer recomendações sobre como atingir os objetivos de sua equipe.

Corrija o desempenho ruim imediatamente

Quando se trata de gerenciar funcionários com baixo desempenho, o tempo é essencial. Notifique imediatamente os funcionários sobre seu mau desempenho.

Quando você, gestor, descobre, é mais provável que outras pessoas sejam afetadas e, na pior das hipóteses, o bem-estar de alguns funcionários esteja em risco. Os problemas de desempenho podem aumentar se não forem resolvidos imediatamente, e um funcionário com baixo desempenho pode se tornar tóxico, infectando sua equipe e toda a organização.

Exemplos de baixo desempenho do funcionário incluem funcionários que sempre perdem prazos ou se comportam mal, se comportam de maneira perturbadora ou hostil ou carecem de comprometimento ou motivação.

Seja honesto e discuta o futuro.

Seja honesto em todos os momentos. Diga-lhes a verdade quando o projeto ficar sem fundos e estiver prestes a ser abandonado. Não confronte as pessoas com fatos quando houver a intenção de mudar alguma coisa; Em vez disso, informe a todos com antecedência.

Não fique calado se a empresa tem planos de downsizing. É melhor admitir depois do fato de que os planos não deram certo do que culpar as pessoas antecipadamente. Informe-os também se a empresa planeja aumentar o salário de todos. Aumente o vínculo enquanto promove a confiança. Sem mencionar que as equipes de liderança abertas costumam ter uma cultura superior.

Os funcionários precisam ser informados sobre o que está acontecendo na empresa e, de preferência, por conta própria.

Todos os membros da equipe devem ser pagos de forma justa. Nem sempre é possível pagar aos empregados os maiores salários disponíveis. Sempre haverá uma empresa que oferece mais salários e um trabalhador que ganha mais. No entanto, para que os funcionários sintam valor suficiente para você e sua empresa, eles devem reconhecer que sua remuneração é justa para sua empresa.

Eu uso a seguinte abordagem para determinar se os salários são justos ou não: Imagine o dia em que a empresa torna todos os salários públicos. Vou me sentir envergonhado na frente de um colega de equipe? Nesse caso, seu salário deve ser adequado porque não é alto o suficiente.

É assim que funcionam os altos salários. É realmente uma boa ideia quando alguém ganha muito mais dinheiro do que os membros da equipe pensam? E se a senha?

Reivindique culpa total.
Como gerente, você é responsável por tudo o que acontece. Somente quando você assumir total responsabilidade pelo erro, poderá determinar internamente o que precisa ser feito na equipe.

Quem está realmente errado pode não importar para os de fora, mas os de dentro precisam se sentir seguros e cuidados. A equipe precisa sentir que, mesmo que a pessoa que cometeu o erro seja eventualmente demitida, não foi sob coação, mas após consideração cuidadosa e raciocínio interno.

respeito pelas fronteiras

Não interfira no tempo ou espaço pessoal de seus funcionários. Não promova agressivamente atividades de formação de equipes. Mesmo sem o seu "vamos hoje", as pessoas ainda gostariam de interagir fora do local de trabalho.

O tempo de férias é reverenciado. Se uma pessoa precisa de ligações frequentes durante as férias, algo está errado.

Fique conectado mesmo depois que o funcionário sair

Você pode estar começando um novo negócio ou pode haver uma abertura. Mesmo que alguém não trabalhe mais para você, a comunicação deve continuar; em alguns casos, deve até aumentar. Tente manter contato com eles, pois você pode precisar deles no futuro.

Verifique com eles periodicamente para ver como eles estão e se eles gostariam de voltar. Alguém pode ter vergonha de pedir que você considere voltar porque não está feliz com seu novo emprego.

<u>APROVEITE A LEITURA</u>